SPANISH LIFEPAC

CONTENTS

I. **VOCABULARY: BODY, CLOTHING, COLORS, VERB *GUSTAR*** 1

II. **POSSESSIVE ADJECTIVES, IRREGULAR VERBS: "YO-GO"** 11

III. **STEM-CHANGING VERBS: *E* TO *IE*, IRREGULAR VERBS: *TENER* & *VENIR*** 21

IV. **STEM-CHANGING VERBS: *O* TO *UE*** 30

V. **STEM-CHANGING VERBS: *E* TO *I*, IRREGULAR VERBS: *DECIR*, *SABER* vs. *CONOCER*** 40

VI. **CULTURE: CARIBBEAN ISLANDS** 49

VII. **SPEAKING, WRITING AND READING PRACTICE** 52

VIII. **VOCABULARY REVIEW** 58

VOCABULARY LIST 63

Author: Vicki Seeley Milunich, B.A., M.S. Ed.
Editor: Alan Christopherson, M.S.
Graphic Design: Brian Ring, Jennifer Davis, Alpha Omega Staff

Alpha Omega Publications

300 North McKemy Avenue, Chandler, Arizona 85226-2618
Copyright © MCMXCVIX, All rights reserved

SPANISH 1: LIFEPAC 5
PASTIMES
OBJECTIVES

1. To introduce vocabulary relating to the body, clothing, colors and sports.
2. To present the concept of stem-changing verbs.
3. To present the possessive adjectives.
4. To explain verbs which have certain irregularities in their conjugations.
5. To introduce tener used idiomatically.
6. To discuss the Caribbean Islands which are Hispanic.
7. To continue practice in all four language skills in reading, writing, speaking and listening.
8. To review and reinforce material previously presented.

I. VOCABULARY: BODY, CLOTHING, COLORS, VERB *GUSTAR*

Conversation

Ana is talking with her friend Teresa about shopping.

Ana:	Voy de compras hoy. ¿Te gustaría ir también?
Teresa:	Sí, por supuesto. Me gusta mucho ir de compras.
Ana:	Necesito un nuevo par de zapatos negros.
Teresa:	Hay una gran selección en la zapatería.
Ana:	Fantástico. Me gustaría mirar los pantalones y las camisas.
Teresa:	Está bien. Necesito una chaqueta para la primavera.
Ana:	¿Qué color te gusta?
Teresa:	Me gustan azul y verde.
Ana:	¿A qué hora te gustaría salir?
Teresa:	Vamos a salir a eso de la una.
Ana:	Sí. Y no vamos a olividar ir a la pastelería para algo delicioso.
Teresa:	¡Eso es muy importante!

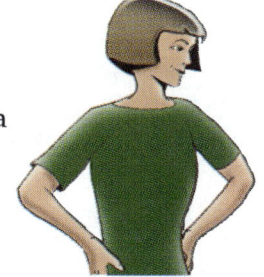

Translation

Ana:	I am going shopping today. Would you like to go too?
Teresa:	Yes, of course. I like to go shopping a lot.
Ana:	I need a new pair of black shoes.
Teresa:	There is a great selection at the shoestore.
Ana:	Fantastic. I would like to look at pants and shirts.
Teresa:	Okay. I need a spring jacket.
Ana:	What color do you like?
Teresa:	I like blue and green.
Ana:	What time would you like to leave?
Teresa:	Let's leave about one.
Ana:	Yes. And let's not forget to go to the pastry shop for something delicious.
Teresa:	That is very important!

Look at the conversation and decide what are the meanings of the following words or phrases.

1.1
a. Te gustaría _____

b. Me gusta _____

c. por supuesto _____

d. un par de zapatos _____

e. la zapatería _____

f. Me gustaría _____

g. Está bien _____

h. una chaqueta _____

i. salir _____

j. olvidar _____

k. la pastelería _____

l. algo _____

Practice this dialogue with your learning partner several times.

1.2 Make sure to pay special attention to the correct vowel sounds and where the accents are then share the conversation with the class.

Adult check _____
                    Initial   Date

el Sr. Chinchón
La Sra. Ayala
Mari-Carmen   Luisa   José   Tomás

Vocabulario

La ropa – Clothing

el abrigo	the overcoat
los anteojos (de sol)	the (sun)glasses
la blusa	the blouse
las botas	the boots
los blue-jeans	the jeans
los calcetínes	the socks
la camisa	the shirt
la camiseta	the t-shirt
la corbata	the necktie
la chaqueta	the jacket
la falda	the skirt
la gorra	the cap
los guantes	the gloves
el impermeable	the raincoat
las medias	the stockings
los pantalones	the pants
los pantalones cortos	the shorts
las sandalias	the sandals
el sombrero	the hat
el suéter	the sweater
el traje	the suit
el traje de baño	the bathing suit
el vestido	the dress
los zapatos	the shoes
los zapatos de tenis	sneakers

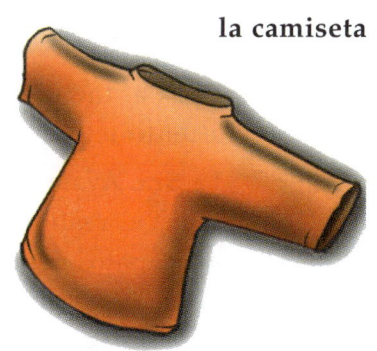

la camiseta

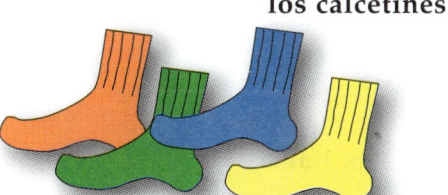

los calcetínes

Colors

amarillo	yellow
azul	blue
blanco	white
gris	gray
negro	black
rojo	red
verde	green
castaño	brown
rosado	pink
púrpura	purple

The verb **llevar** means "to wear or carry." It is conjugated as a normal **ar** verb:

yo	**llevo**	nts.	**llevamos**
tú	**llevas**	vts.	**lleváis**
él	**lleva**	ellos	**llevan**
ella	**lleva**	ellas	**llevan**
Ud.	**lleva**	Uds.	**llevan**

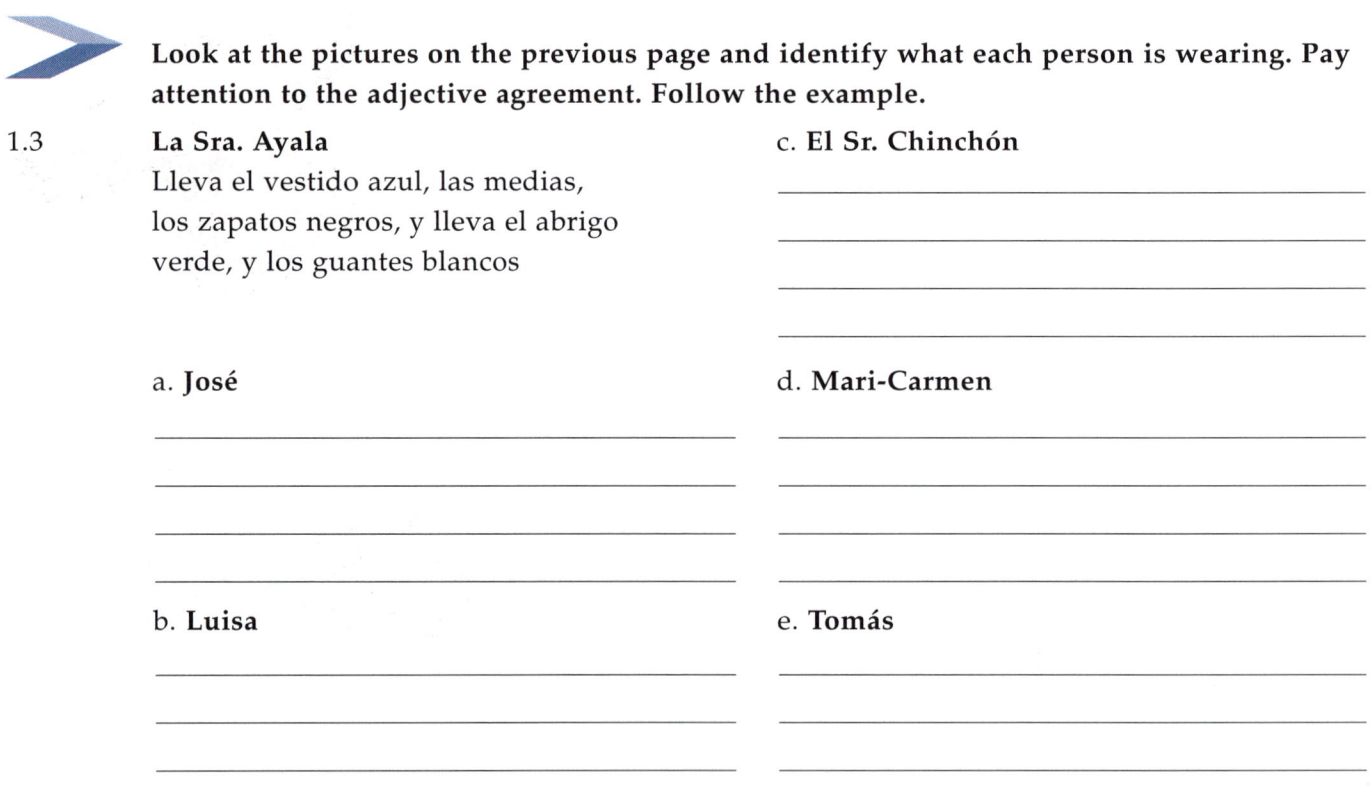

Look at the pictures on the previous page and identify what each person is wearing. Pay attention to the adjective agreement. Follow the example.

1.3   **La Sra. Ayala**
Lleva el vestido azul, las medias, los zapatos negros, y lleva el abrigo verde, y los guantes blancos

c. **El Sr. Chinchón**
_____
_____
_____
_____

a. **José**
_____
_____
_____
_____

d. **Mari-Carmen**
_____
_____
_____
_____

b. **Luisa**
_____
_____
_____
_____

e. **Tomás**
_____
_____
_____
_____

The verb gustar – to like

The verb **gustar** functions in a different manner than the other Spanish verbs we have learned thus far. Instead of being conjugated like the others, it uses different words to represent the subjects.

Instead of:	Use:	Instead of:	Use:
yo	me	nosotros	nos
tú	te	vosotros	os
él	le	ellos	les
ella	le	ellas	les
Ud.	le	Uds.	les

Gustar is only used in the third person singular (**gusta**) or the third person plural (**gustan**). Quantity determines which verb to use—if one thing is liked, then use **gusta**; if more than one thing is liked, use **gustan**. For example:

Me gusta el vestido rojo.	I like the red dress.
Nos gusta la corbata del Sr. Lopez	We like Mr. Lopez's tie.
Te gustan los zapatos negros.	You like the black shoes.
Les gustan los anteojos de sol.	They (you) like the sunglasses.
Me gusta ir de compras.	I like to go shopping.
Nos gustan mirar y comprar la ropa nueva.	We like to look at and buy new clothing.
Me gusta ir de compras.	I like to go shopping.

Note that when one action is stated, **gusta** is used and when two or more actions are stated then **gustan** is used.

Fill in the blank with the correct form of gustar **and then translate the sentence.**

1.4

a. Me _____ el abrigo. _____

b. Nos _____ los zapatos. _____

c. Te _____ las camisetas. _____

d. Le _____ la chaqueta. _____

e. Les _____ los guantes. _____

f. Te _____ la blusa. _____

g. Me _____ los blue-jeans. _____

h. Les _____ la falda. _____

i. Nos _____ la gorra. _____

j. Le _____ las gorras. _____

When doing the previous exercise, the confusion in using **le** and **les** is evident. To clarify this problem, **a** plus the subject pronoun or noun may be added. For example:

Le gusta a él una chaqueta azul.	He likes a blue jacket.
Le gustan a ella los anteojos de sol.	She likes the sunglasses.
Le gusta a Ud. el traje de baño.	You like the bathing suit.
Le gusta a José la camisa roja.	José likes the red shirt.
Les gustan a ellos los blue-jeans.	They like the blue jeans.
Les gusta a ellas el vestido negro.	They like the black dress.
Les gusta a Uds. el suéter gris.	You like the gray sweater.
Les gustan a los chicos los zapatos de tenis.	The boys like the sneakers.

 **Translate the following to Spanish and include the clarification.**

1.5
    a. He likes the yellow shirt.

    b. She likes the green blouse.

    c. They (f) like the blue hats.

    d. You (s) like the red shorts.

    e. You (pl) like the brown sweaters.

The verb **gustar** may also be used in another more polite form. It is **gustaría** for the singular item and **gustarían** for the plural items. These both translate to "would like" and are used when asking and requesting because they show respect. The new "subjects" are used in the same manner as with **gusta** and **gustan**.

Me gustaría un abrigo de invierno.	I would like a winter coat.
Te gustarían las sandalias nuevas.	You would like the new sandals.
¿Le gustaría a Ud. un vestido verde?	Would you like a green dress?
¿Les gustarían a ellos las gorras de béisbol?	Would they like baseball caps?

Translate the following questions.

1.6
    a. Would you (informal, sing.) like sunglasses?

    b. Would we like blue t-shirts or green t-shirts?

    c. Would she like yellow shorts?

    d. Would I like the black shoes?

    e. Would they (m) like the blue hats?

Conversation Practice

Alicia: ¿Te gustaría ir de compras?
Pilar: Por supuesto.
Alicia: Me gusta mirar los pantalones cortos.
Pilar: Busco unos anteojos de sol porque vamos a la playa.
Alicia: ¡Qué bueno! ¿Necesitas un traje de baño nuevo?
Pilar: No, pero necesito sandalias.
Alicia: Yo también. Me gustan las sandalias castañas en la zapatería.
Pilar: ¿Hay sandalias negras también?
Alicia: Hay muchos colores.
Pilar: Vamos.

Preguntas

Refer to the conversation above to answer the questions in complete Spanish sentences.

1.7
a. ¿Adónde van Alicia y Pilar?

b. ¿Qué le gusta a Alicia?

c. ¿Por qué necesita Pilar los anteojos de sol?

d. ¿Qué necesita Pilar también?

e. ¿Cuántos colores de sandalias hay en la zapatería?

Now take the conversation and fill in the blanks with new words to create a new conversation. Be sure to watch agreement.

1.8
Alicia: ¿Te gustaría ir de compras?

Pilar: Por supuesto.

Alicia: Me gusta mirar a _____ .

Pilar: Busco _____ de sol porque vamos _____ .

Alicia: ¡Qué bueno! ¿Necesitas _____ ?

Pilar: No, pero necesito _____ ?

Alicia: Yo también. Me gustan _____ .

Pilar: ¿Hay _____ también?

Alicia: Hay muchos colores.

Pilar: Vamos.

Complete the following activity.

1.9 Write a letter to a friend and tell about the new clothes you are buying. Make sure to describe the color, and watch agreement of the noun and adjective.

✓ Adult check _____
                                       Initial   Date

Susan Smith
321 N. Central
Akron, OH 32568

    Betty Ann Jones
    123 N. Oak Rd.
    Phoenix, AZ 85027

SELF TEST 1

1.01 **Look at the following pictures and write a description about the items of clothing in each picture.** (10 pts. each)

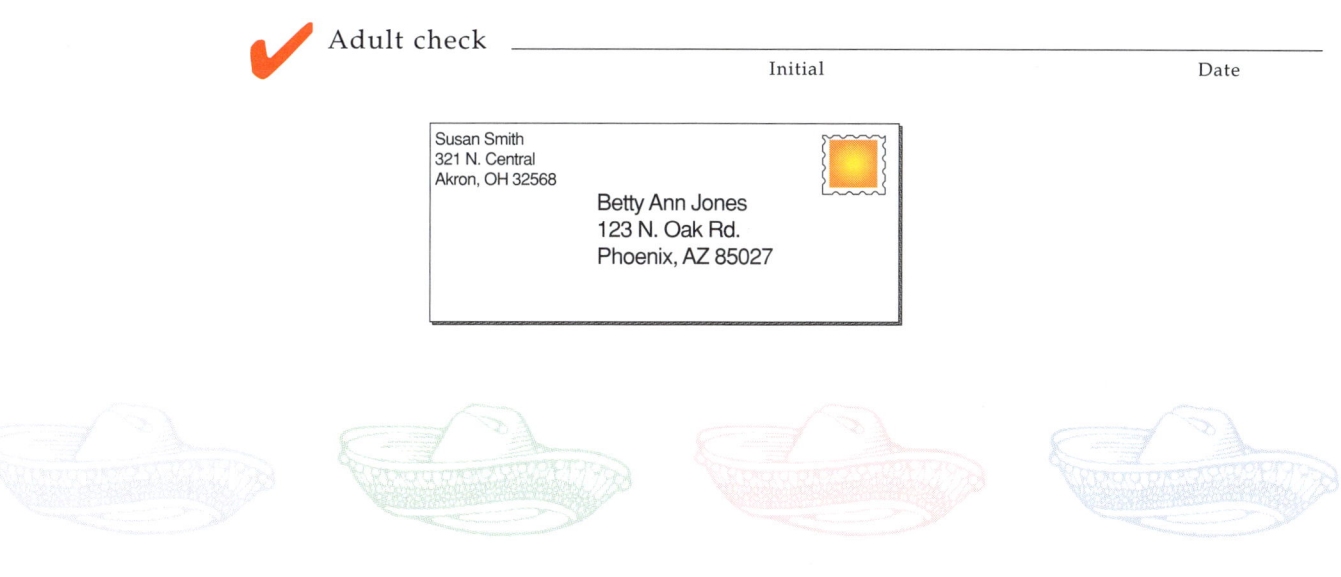

a. _____

b. _____

c. _____

d. _____

e. _____

1.02 **Fill in the blank with the correct form of** gustar. (5 pts. each)

a. Me _____ la corbata nueva.

b. Nos _____ ir de compras.

c. Te _____ los blue-jeans.

d. Les _____ la camiseta.

e. Le _____ los anteojos de sol.

1.03 **Answer the following questions with three articles of clothing.** (5 pts. each)

a. ¿Qué lleva en el invierno?

b. ¿Qué lleva en julio?

c. ¿Qué lleva una mujer a una fiesta formal?

d. ¿Qué te gustaría para la Navidad?

e. ¿Qué lleva un hombre de negocios a la oficina?

80/100

Score _____

Teacher check _____
Initial   Date

II. POSSESSIVE ADJECTIVES, IRREGULAR VERBS

Conversation

Jorge is looking for some of his things and Mario is trying to help him.

Jorge:	Necesito mi mochila. No sé donde está.
Mario:	Tu mochila está detrás de la silla.
Jorge:	Gracias. Ahora, ¿dónde están mis bolígrafos?
Mario:	Tus bolígrafos están sobre la mesa.
Jorge:	Busco los libros de Raúl.
Mario:	Sus libros están encima de la cama.
Jorge:	Nuestra clase es en media hora. Vamos.

Translation

Jorge:	I need my backpack. I don't know where it is.
Mario:	Your backpack is behind the chair.
Jorge:	Thank you. Now, where are my pens?
Mario:	Your pens are on the table.
Jorge:	I'm looking for Raul's books.
Mario:	His books are on top of the bed.
Jorge:	Our class is in half an hour. Let's go.

Look at the above conversation and decide what the following words mean.

2.1
a. no sé _____

b. mi _____

c. tus _____

d. mis _____

e. sus _____

f. nuestra _____

g. media hora _____

Complete the following activity.

2.2 Practice the dialogue at the beginning of this section several times with your learning partner so that you can share it with the class. Make sure to pay special attention to the correct vowel sounds and where the accents are.

✔ Adult check _____
            Initial   Date

Possessive Adjectives

Possessive adjectives are those words which modify the noun and show ownership. Like all adjectives in Spanish they must agree with the noun they modify. Look at the chart below:

Subject Pronoun	Possessive Adjective	Translation	Subject Pronoun	Possessive Adjective	Translation
yo	mi, mis	my	nosotros	nuestro, nuestra, nuestros, nuestras	our
tú	tu, tus	your	vosotros	vuestro, vuestra, vuestros, vuestras	your
él	su, sus	his, its	ellos	su, sus	their
ella	su, sus	her, its	ellos	su, sus	their
Ud.	su, sus	your	Uds.	su, sus	your

Explanation

Agreement must be made when using possessive adjectives to modify a noun. For **mi – mis**, **tu – tus** and **su – sus**, that agreement is only concerned with singular and plural. If the noun is singular, use **mi**, **tu**, **su**. If the noun is plural, use **mis**, **tus**, **sus**. For example:

Mi libro está sobre la mesa.	My book is on the table.
Mis lápices están dentro de mi mochila.	My pencils are in my backpack.
Tu familia es muy grande.	Your family is very big.
Tus hermanos son guapos.	Your brothers are good looking.
Su clase prepara las lecciones.	His/her/your/their class prepares the lessons.
Sus amigos trabajan mucho.	His/her/your/their friends work a lot.

Notice the problem that may arise when using **su** and **sus**. When the meaning is not clear from the context, it is possible to use the definite article instead of the possessive adjective and add **de** plus the possessor to clarify. For example:

Su coche can also be expressed **el coche de Daniel**.
His car is clarified by saying **the car of Daniel** (Daniel's car)
Su trabajo can also be expressed **el trabajo de los estudiantes**.
Their work is clarified by saying **the work of the students** (the students' work)

"Our" (**nuestro**) must make agreement with gender as well as number, as does the "Spain only" form **vuestro**. For example:

	Singular	Plural
Masculine	nuestro	nuestros
	vuestro	vuestros
Feminine	nuestra	nuestras
	vuestra	vuestras

Fill in the blank with the form of the possessive adjective given in parentheses.

2.3

a. No veo _____ amigos. (my)

b. José escribe _____ tarea. (his)

c. Compró _____ regalo. (your)

d. Necesitamos _____ mochilas. (our)

e. Hay cinco personas en _____ familia. (my)

f. Vives cerca de _____ primos. (your)

g. La clase aprende _____ lección. (its)

h. La madre baila con _____ padre. (her)

i. El niño lleva _____ libros. (his)

j. Visitamos a _____ abuelo. (our)

Rewrite the following expressions, using a possessive adjective plus the noun.

2.4

a. el disco de Juan _____

b. la familia de Ana y Alicia _____

c. los primos de Mariana _____

d. las hermanas de Jorge _____

e. el coche de ellos _____

f. la abuela de ella _____

g. los papeles de ellas _____

h. las amigas de él _____

 **Translate the following to Spanish. Be sure to watch the agreement between the possessive adjective and its noun.**

2.5
a. His lawyer _____
b. Our doctor _____
c. Their town _____
d. My dentist _____
e. Your (inf., s.) notebooks _____
f. Her school _____
g. Our lessons _____
h. My brothers _____
i. Your (form., s.) papers _____
j. Your (pl.) grandparents _____

1. In none of the above examples and exercises are the possessive adjectives used with clothing. In Spanish, the definite article is the modifier of choice for clothing and body parts since ownership is usually known. If clarification is needed, use the **de** phrase.

   Llevo los anteojos de sol.   I'm wearing my sunglasses.
   Compramos los pantalones juntos.   We are buying our pants together.

2. Remember that possession expressed in English by use of the apostrophe ('s or s') is expressed in Spanish by using **de**.

   La familia de Mario   Mark's family
   Las botas de mi abuelo   My grandfather's boots
   La corbata del Sr. Lopez   Mr. Lopez's tie

Irregular verbs – "yo-go"

Certain verbs in Spanish have the ending of **go** in the **yo** form.

Hacer – to make or do

yo hago	nts. hacemos
tú haces	vts. hacéis
él hace	ellos hacen
ella hace	ellas hacen
Ud. hace	Uds. hacen

Paco hace las lecciones.   Frank does his lessons.
Nts. hacemos la comida.   We make the meal.

Note that the verb **hacer** may never be used as a "helping" verb but rather is the verb of action. **Do** and **does** are built in to the translation of action verbs. Using **hacer** means that the person is "doing" or "making."

Yo hago el trabajo.   I do the work.
Yo trabajo.   I work, I do work, I am working.
                      (**do** is "built in")

Traer – to bring

yo traigo	nts. traemos
tú traes	vts. traéis
él trae	ellos traen
ella trae	ellas traen
Ud. trae	Uds. traen

Yo traigo las botas.   I am bringing my boots.
Uds. traen los guantes.   You are bringing your gloves.

Caer – to fall

yo caigo	nts. caemos
tú caes	vts. caéis
él cae	ellos caen
ella cae	ellas caen
Ud. cae	Uds. caen

Los papeles caen.   The papers fall.
El niño cae.   The boy falls.
Yo caigo en la casa.   I fall in the house.

Salir – to leave, to go out

yo salgo	nts. salimos
tú sales	vts. salís
él sale	ellos salen
ella sale	ellas salen
Ud. sale	Uds. salen

Tú sales con Luis.   You leave with Louis.
Yo salgo a las dos.   I leave at two o'clock.

Poner – to put

yo pongo	nts. ponemos
tú pones	vts. ponéis
él pone	ellos ponen
ella pone	ellas ponen
Ud. pone	Uds. ponen

Yo pongo los anteojos sobre la mesa. I put the glasses on the table.
Nts. ponemos el coche en el garaje. We put the car in the garage.

 Fill in the blank with the correct form of the verb in parentheses and then translate the answer.

2.6

a. Nts. _____ a las diez. (salir)

b. Yo _____ la chaqueta de primavera. (traer)

c. Ud. _____ cerca de la escuela. (caer)

d. Tú _____ el abrigo en el armario. (poner)

e. Yo _____ con mis amigos. (salir)

f. Nts. _____ en el agua. (caer)

g. Uds. _____ las camisetas. (traer)

h. Yo _____ en la sala. (caer)

i. Luis _____ el trabajo. (hacer)

j. Yo no _____ nada. (hacer)

Reading Comprehension

Maria y yo vamos de compras en la ciudad. Yo salgo de la casa a las diez y media y paso por Maria. Tomamos el autobús. Nuestro autobús llega a las once menos diez. Nuestra parada (stop) es la tercera. Está enfrente del almacén que nos gusta mucho. Hay muchas cosas que mirar en la tienda. Me gustan los departamentos de la ropa y de los zapatos. Hay una gran selección.

Cuando entramos, Maria vio un vestido verde que es muy bonito. Trae el vestido para ver lo. El precio es mucho. Decido que no. Necesito buscar un regalo para mi hermana. Es su cumpleaños. Le gustan los pantalones cortos azules que llevo. Miro algunos como mis pantalones cortos. A ella le gustan los pantalones verdes. Encuentro (I find) los verdes y los compró para mi hermana. También, compró un par de sandalias que a ella le van a gustar.

Maria necesita un libro para leer. Le gustan los libros de misterios o romances. Ella compró tres libros. También a ella le gustaría una camisa roja. Miramos todas las camisas. No le gustan ningunas de las camisas, pero hay un par de pantalones negros que son bonitos. Decidimos ir a la tienda de música. Me gustaría una cinta de Luis Miguel. Traigo bastante dinero para la cinta. Maria compró una cinta de música clásica para su abuela.

Después de ir de compras, decidimos ir al café para una bebida y un sandwich. Es delicioso. Entonces camimamos por el parque y regresamos a casa a las cuatro. Estamos cansadas.

Refer to the above paragraph and respond to the questions in complete Spanish sentences.

2.7

a. ¿Adónde van Maria y su amiga?

b. ¿A qué hora toman el autobús?

c. ¿Cómo es el gran almacén?

d. ¿Por qué no compró el vestido verde?

e. ¿Para quién necesita un regalo de cumpleaños?

f. ¿Qué compró para su hermana?

g. ¿Qué necesita Maria?

h. ¿Qué compró Maria en vez de una camisa?

i. ¿Qué tipo de cinta compró Maria?

j. ¿Cómo están las amigas cuando regresan a casa?

Guided Conversation

With a learning partner, create a conversation using the following guidlines.

2.8

A. Greet your friend.

B. Respond appropriately.

A. Comment on an article of clothing.

B. Thank you and say you are going shopping.

A. Say you would like to go too.

B. Agree and decide on a time.

A. Ask if going out to eat is possible.

B. Agree and say where.

A. Say goodbye.

✔ Adult check _____
                    Initial   Date

Oral Practice

Say to whom each of the following items belong. Because ownership is unknown, the clothing items may take possessive adjectives. This activity may be done orally or may be written out. Follow the example.

2.9   **Example:** Es tu mochila? (David)   No es la mochila de David.

a. ¿Es tu lápiz? (Luis) _____

b. ¿Es tu sombrero? (Antonio) _____

c. ¿Son tus zapatos? (Ana) _____

d. ¿Son tus libros? (el Sr. Lopez) _____

e. ¿Es tu chaqueta? (Mariana) _____

✔ Adult check _____
                    Initial   Date

Answer the following questions using the correct possessive adjective. This activity may be done orally or may be written out.

2.10
   a. ¿De quiénes es el cartel de Venezuela? (our) _____

   b. ¿De quién es el disco compacto? (his) _____

   c. ¿De quién es la revista de moda? (her) _____

   d. ¿De quiénes son los anteojos de sol? (their) _____

   e. ¿De quién son los guantes? (my) _____

   ✔ Adult check _____
                         Initial   Date

Answer the following questions in the yo form. Remember that the yo form of these verbs is irregular. This activity may be done orally or may be written out.

2.11
   a. ¿Quién hace la tarea? _____

   b. ¿Quién cae en el parque? _____

   c. ¿Quién trae las bebidas? _____

   d. ¿Quién sale a las nueve? _____

   e. ¿Quién pone los guantes aquí? _____

   ✔ Adult check _____
                         Initial   Date

SELF TEST 2

2.01 **Fill in the blank with the correct possessive adjective that coordinates with the subject and agrees according to the rules.** (4 pts. each)

a. Yo hago _____ lección de español.

b. Nts. hablamos con _____ primos.

c. Tú preparas _____ comida.

d. Luis lee _____ libro de historia.

e. Los chicos hacen _____ trabajo.

f. Mariana y yo visitamos a _____ amigas.

g. Ud. olvida _____ lápiz.

h. Yo decido en _____ clases.

i. Uds. comen _____ frutas cada día.

j. Tú visitas a _____ abuelos.

k. Nts. pagamos por _____ comida.

l. Luisa compra _____ cuaderno aquí.

m. Yo preparo _____ ejercicio.

n. Tú decides en _____ ideas.

o. Las mujeres hablan con _____ esposos.

2.02 **Fill in the blank with the correct form of the verb in parentheses.** (4 pts. each)

a. Yo _____ los zapatos en la alcoba. (poner)

b. Nts. _____ las tareas de hoy. (hacer)

c. Yo _____ de la bicicleta. (caer)

d. Ricardo se _____ el abrigo. (poner)

e. Yo _____ con Miguel. (salir)

f. Yo _____ la lección de matemáticas. (hacer)

g. Tú _____ en la escalera. (caer)

h. Yo _____ mis amigos a la fiesta. (traer)

i. Uds. _____ a las diez y media. (salir)

j. Nts. _____ los sombreros en el armario. (poner)

80 / 100

Score _____

Teacher check _____
Initial   Date

III. STEM-CHANGING VERBS: *E* TO *IE*, IRREGULAR VERBS

Conversation

Susana and Elisa are deciding what they want to do.

Susana:	Hola, Elisa. ¿Cómo estás?
Elisa:	Estoy bien. ¿Y tú?
Susana:	Estoy aburrida. ¿Quieres hacer algo?
Elisa:	Sí. ¿Quieres ir al cine?
Susana:	Buena idea. ¿Qué prefieres ver, una comedia, un horror o un drama?
Elisa:	Prefiero una comedia.
Susana:	Hay una en el Cinema Colón.
Elisa:	Está bien. ¿A qué hora comienza?
Susana:	Comienza a las dos y media.
Elisa:	¿A qué hora piensas que necesitamos salir?
Susana:	A la una. Prefiero llegar temprano.
Elisa:	Está bien.

Translation

Susana:	Hello, Elisa. How are you?
Elisa:	I am fine. And you?
Susana:	I'm bored. Do you want to do something?
Elisa:	Yes. Do you want to go to the movies?
Susana:	Great idea. What do you want to see, a comedy, a horror picture or a drama?
Elisa:	I prefer a comedy.
Susana:	There's one at the Columbus Theater.
Elisa:	Okay. What time does it begin?
Susana:	It begins at two-thirty.
Elisa:	What time do you think we need to leave?
Susana:	At one. I prefer to arrive early.
Elisa:	Okay.

Find the translations of the following words or expressions.

3.1 a. quieres _____

b. prefieres _____

c. prefiero _____

d. comienza _____

e. piensas _____

Stem-changing Verbs

In Spanish there is a group of verbs which are irregular in their conjugation. This change is involved in the stem only. The endings are the normal **-ar**, **-er** or **-ir** endings. These changes occur in all forms except **nosotros** and **vosotros**.

Group 1 – e to ie

The first group of stem-change verbs are those in which the vowel in the syllable just before the **ar**, **er** or **ir** changes from **e** to **ie**. Look at the example:

pensar – to think

yo	pienso	nosotros	pensamos
tú	piensas	vosotros	pensáis
él	piensa	ellos	piensan
ella	piensa	ellas	piensan
Ud.	piensa	Uds.	piensan

Note that the change from **e** to **ie** only occurred in the singular and third person plural forms. The first and second person plural—**nosotros** and **vosotros**—do not make the change.

Another name for this type of verb is a **shoe verb**. This is because an outline of the forms that change creates a "shoe" shape. Look at the following example:

cerrar – to close

yo	cierro	nosotros	cerramos
tú	cierras	vosotros	cerráis
él	cierra	ellos	cierran
ella	cierra	ellas	cierran
Ud.	cierra	Uds.	cierran

Some common stem-change verbs of this type are:

cerrar	to close	**pensar**	to think
comenzar	to begin	**perder**	to lose
confesar	to confess	**preferir**	to prefer
defender	to defend	**querer**	to want
empezar	to begin	**referir**	to tell, to narrate
entender	to understand	**sentir**	to feel
gobernar	to govern		

Remember that the change occurs in the syllable just before the ending. Thus in **preferir** the change occurs with the second **e – yo prefiero**.

 **Fill in the chart with the conjugations of the verbs given. Remember that the endings remain normal, just the stem changes.**

3.2 **perder** – to lose
- a. yo _____ nts. _____
- b. tú _____ vts. _____
- c. él _____ ellos _____
- d. ella _____ ellas _____
- e. Ud. _____ Uds. _____

3.3 **querer** – to want
- a. yo _____ nts. _____
- b. tú _____ vts. _____
- c. él _____ ellos _____
- d. ella _____ ellas _____
- e. Ud. _____ Uds. _____

3.4 **preferir** – to prefer
- a. yo _____ nts. _____
- b. tú _____ vts. _____
- c. él _____ ellos _____
- d. ella _____ ellas _____
- e. Ud. _____ Uds. _____

3.5 **comenzar** – to begin
- a. yo _____ nts. _____
- b. tú _____ vts. _____
- c. él _____ ellos _____
- d. ella _____ ellas _____
- e. Ud. _____ Uds. _____

 **Complete this activity.**

3.6 Now draw shoe forms around the verbs that remain within the shoe. You may decorate them if you wish.

✓ Adult check _____
  Initial   Date

Fill in the blank with the correct form of the verb in parentheses and then translate the sentence in the space provided underneath.

3.7
a. Mario _____ la lección. (entender)

b. Uds. _____ sus ideas. (defender)

c. Yo _____ mi cuaderno azul. (perder)

d. Nts. _____ a estudiar nuestra historia. (comenzar)

e. Los chicos _____ trabajar por la tarde. (preferir)

f. Tú _____ tu decisión. (referir)

g. El Sr. Gomez _____ la ciudad. (gobernar)

h. Paco y yo no _____ recibir notas malas. (preferir)

i. Yo _____ la puerta. (cerrar)

j. Los jovenes _____ acerca de su accidente. (pensar)

 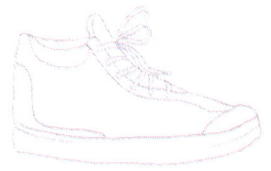  

Reading Comprehension

La clase de historia comienza a las diez y cuarto. El Sr. Chavez habla de la historia de los Estados Unidos. Refiere a las ideas que son importantes hoy. Quiere ayudar a sus estudiantes entender que la historia es importante al presente y al futuro. Habla de los presidentes. Gobiernan en maneras diferentes pero entienden la importancia de trabajar juntos. Defienden sus ideas y piensan que las personas necesitan ser unidos.

El Sr. Chavez empieza cada lección con una pregunta. Nts. pensamos de la pregunta y cierra la lección con una discusión de la pregunta. Entonces entendemos la lección.

La clase es muy interesante.

Preguntas

Refer to the paragraph on page 24 to answer the following questions.

3.8
a. ¿A qué hora comienza la clase de historia?

b. ¿De qué estudian?

c. ¿Por qué es importante estudiar la historia.

d. ¿Cómo gobiernan los presidentes?

e. ¿Qué defienden los presidentes?

f. ¿Con qué empieza cada lección el Sr. Chavez?

g. ¿Con qué cierra la lección?

h. ¿Cómo es la lección?

Irregular Verbs – tener and venir

Tener and **venir** are irregular verbs that can be classified as **go/shoe** verbs. Look at the conjugation:

tener – to have

yo	tengo	nts.	tenemos
tú	tienes	vts.	tenéis
él	tiene	ellos	tienen
ella	tiene	ellas	tienen
Ud.	tiene	Uds.	tienen

venir – to come

yo	vengo	nts.	venimos
tú	vienes	vts.	venís
él	viene	ellos	vienen
ella	viene	ellas	vienen
Ud.	viene	Uds.	vienen

Note that these two verbs have a **go** ending in the **yo** form and then follow the shoe verb pattern with the **e** to **ie** stem change.

Fill in the blank with the correct form of tener.

3.9

a. Nts. _____ los zapatos negros.

b. Uds. _____ las camisas azules.

c. Yo _____ un suéter blanco.

d. Tú _____ las botas nuevas.

e. Mariana _____ una falda rosada.

f. Luis y yo _____ las clases juntos.

g. Los estudiantes _____ un examen hoy.

h. Ud. _____ muchos amigos.

i. Las señoras _____ los anteojos de sol.

j. Yo _____ que terminar.

Fill in the blank with the correct form of venir.

3.10

a. Uds. _____ a las tres y media.

b. Yo _____ con Mario.

c. Nts. _____ a la playa.

d. Tú _____ a la escuela con tus amigos.

e. Ariel _____ a casa a las ocho.

f. Luis y yo _____ juntos a la clase.

g. Los chicos _____ al estadio.

h. Yo _____ a visitar a mis abuelos.

i. Ud. _____ con los otros estudiantes.

j. Las primas _____ a la fiesta.

Answer the following questions in complete Spanish sentences.

3.11
a. ¿Cuántos hermanos tienes?

b. ¿Cuándo vienen Uds. a la escuela?

c. ¿Qué prefieres hacer en sábado?

d. ¿A qué hora comienza la clase de inglés?

e. ¿Qué piensas de la clase de historia?

f. ¿Quién cierra la puerta?

g. ¿Qué quieren los estudiantes?

h. ¿A quién confiesa Ud.?

i. ¿Qué no entiendes?

j. ¿Dónde pierden los libros?

Tener Idioms

Tener is often used in expressions that, when directly translated, do not make sense. These expressions are called idioms. For example: **tener…años** – to be so many years old (literally – to have # years.)

¿Cuántos años tienes?	How old are you?
tener frío	to be cold
tener calor	to be warm
tener sed	to be thirsty
tener hambre	to be hungry
tener sueño	to be sleepy
tener razón	to be right
no tener razón	to be wrong
tener éxito	to be successful
tener que + infinitive	to have to

Translate the following to Spanish.

3.12   a. I am hungry. _____

b. We are right. _____

c. She is sleepy. _____

d. You (tú) have to leave. _____

e. He is successful. _____

f. They are wrong. _____

g. You (pl) are cold. _____

h. He is 20 years old. _____

i. They are thirsty. _____

j. I am warm. _____

SELF TEST 3

3.01 **Fill in the blank with the correct form of the verb in parentheses.** (4 pts. each)

a. Pilar _____ comer pizza. (querer)

b. Nts. _____ cinco dolares. (tener)

c. Uds. _____ a las tres y media. (venir)

d. Tú _____ a tu padre. (confesar)

e. Luis y yo _____ nuestro honor. (defender)

f. Yo _____ el partido. (perder)

g. Ud. _____ del accidente. (referir)

h. El profesor _____ su libro. (cerrar)

i. Uds. _____ a estudiar. (comenzar)

j. Mariana _____ el club de español. (gobernar)

3.02 **Translate the following to Spanish.** (4 pts. each)

a. I am hungry. _____

b. We come at noon. _____

c. How old is Paul? _____

d. You (tú) are thinking. _____

e. The class begins soon. _____

f. The man defends the woman. _____

g. I prefer to close the door. _____

h. We are warm. _____

i. He is losing today. _____

j. You (Uds.) want to think. _____

3.03 **Translate to English.** (4 pts. each)

a. Tengo razón. _____

b. Susana no entiende. _____

c. Venimos a la iglesia _____

d. Prefieren pizza. _____

e. Tienes éxito _____

80 / 100

Score _____

Teacher check _____
Initial   Date

IV. STEM-CHANGING VERBS: *O* TO *UE*

Conversación: Vamos a jugar.

Ricardo:	Hola, Timoteo. ¿Puedes jugar al fútbol con nosotros?
Timoteo:	Por supuesto. Juego muy bien.
Ricardo:	Vamos a almorzar ahora. Nos encontramos a la una.
Timoteo:	Está bien. Vuelvo aquí a la una.
Ricardo:	Muestro a todo el mundo las fotos del juego de Madrid Real.
Timoteo:	¡Qué magnífico! Recuerdo el juego pero no tengo fotos.
Ricardo:	¿Quieres copias?
Timoteo:	¿Cuánto cuestan las copias?
Ricardo:	No sé. Puedo investigar.
Timoteo:	Cuando sepas, puedes decirme.
Ricardo:	¡Buena idea! Hasta luego.
Timoteo:	Chao.

Translation: Let's play.

Ricardo:	Hi, Tim. Can you play soccer with us?
Timoteo:	Of course. I play very well.
Ricardo:	We are going to eat lunch now. We are meeting at one o'clock.
Timoteo:	OK. I'll return here at one.
Ricardo:	I'm showing everyone my photos of Madrid Real (soccer team) game.
Timoteo:	Great! I remember the game but I don't have any photos.
Ricardo:	Do you want copies?
Timoteo:	How much do the copies cost?
Ricardo:	I don't know. I can investigate.
Timoteo:	When you know you can tell me.
Ricardo:	Good idea! See you later.
Timoteo:	Bye.

4.1 Look at the two conversations and state what the following words or phrases mean.

a. puedes _____

b. juego _____

c. almorzar _____

d. encontramos _____

e. vuelvo _____

f. muestro _____

g. el juego _____

h. recuerdo _____

i. cuestan _____

j. no sé _____

Stem-changing Verbs – Group 2 – o to ue

The second group of stem-changing or shoe verbs are those in which the **o** of the syllable just before the ending changes to **ue**. Look at the example:

volver – to return

yo	**vuelvo**	nosotros	**volvemos**
tú	**vuelves**	vosotros	**volvéis**
él	**vuelve**	ellos	**vuelven**
ella	**vuelve**	ellas	**vuelven**
Ud.	**vuelve**	Uds.	**vuelven**

The following verbs follow this pattern:

almorzar	to eat lunch
contar	to count
costar	to cost
devolver	to return, give back
dormir	to sleep
encontrar	to find, to meet
jugar (u–ue)	to play
morir	to die
mostrar	to show
mover	to move
poder	to be able to, can
resolver	to solve, resolve
sonar	to sound, to ring
soñar	to dream
volar	to fly
volver	to return

Note that **jugar** is included in this group because it is the only one that goes from **u** to **ue**. Also remember that any verbs that have prefixes on them will be conjugated following the pattern: **volver**, **devolver**, **revolver**.

Fill in the chart with the conjugations of the verbs given. Remember that the endings remain normal, just the stem changes.

4.2   **contar** – to count

a. yo _____   nts. _____

b. tú _____   vts. _____

c. él_____   ellos _____

d. ella_____   ellas _____

e. Ud._____   Uds. _____

4.3   **mostrar** – to show

   a. yo _____   nts. _____
   b. tú _____   vts. _____
   c. él _____   ellos _____
   d. ella _____   ellas _____
   e. Ud. _____   Uds. _____

4.4   **dormir** – to sleep

   a. yo _____   nts. _____
   b. tú _____   vts. _____
   c. él _____   ellos _____
   d. ella _____   ellas _____
   e. Ud. _____   Uds. _____

4.5   **recordar** – to remember

   a. yo _____   nts. _____
   b. tú _____   vts. _____
   c. él _____   ellos _____
   d. ella _____   ellas _____
   e. Ud. _____   Uds. _____

Complete this activity.

4.6   Now draw shoe forms around the verbs that remain within the shoe. You may decorate them if you wish.

✔ Adult check _____
                     Initial   Date

SPANISH ONE

LIFEPAC 5 TEST

80/100

Name _____

Date _____

Score _____

SPANISH I: LIFEPAC TEST 5

1. Describe the items of clothing pictured below. (2 pts. each)

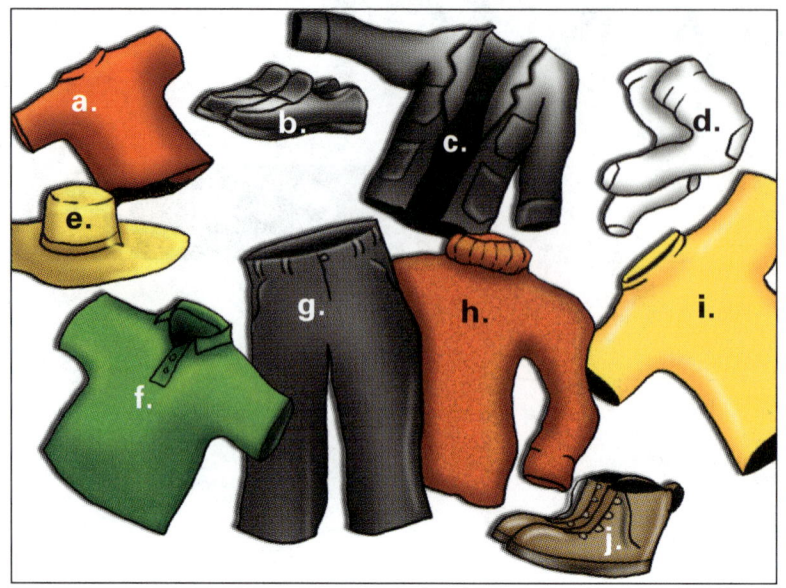

a. _____   f. _____

b. _____   g. _____

c. _____   h. _____

d. _____   i. _____

e. _____   j. _____

2. Identify the sport being described. (2 pts. each)

   a. Necesita una piscina y puede nadar   _____

   b. Hay cinco jugadores muy altos   _____

   c. Hay nueve jugadores una pelota y un guante   _____

   d. Juega con once jugadores grandes que corren mucho   _____

   e. Necesita dos o cuatro jugadores y raquetas   _____

3. Fill in the blank with the correct form of the "shoe" verbs. (2 pts. each)

   a. Yo _____ la frase. (repetir)

   b. Nts. _____ la comida. (servir)

   c. Tú _____ correr rápidamente. (poder)

   d. La chica _____ de la tarea. (pensar)

   e. La clase _____ a las dos. (comenzar)

f. Luis y yo _____ ocho horas. (dormir)

g. Yo _____ el dinero en mi alcoba. (encontrar)

h. Tú _____ al mediodía. (almorzar)

i. Los estudiantes _____ la lección. (entender)

j. Los jugadores _____ muy bien. (jugar)

4. Fill in the blank with the correct form of the verb in parentheses. (2 pts. each)

   a. Yo _____ a las diez de la mañana. (salir)

   b. Nts. _____ a clase. (venir)

   c. Tú _____ razón. (tener)

   d. Yo _____ la tarea. (saber)

   e. Yo _____ lo que puedo. (hacer)

   f. Nts. _____ a los nuevos estudiantes. (conocer)

   g. Yo _____ a verdad. (decir)

   h. El niño _____ de la bicicleta. (caer)

   i. Tú _____ el cuaderno y un lápiz. (traer)

   j. Yo _____ la ropa en el armario. (poner)

5. Fill in the blank with the correct possessive adjective that agrees with the subject of the verb. (2 pts. each)

   a. Manuel tiene _____ libros.

   b. Arturo y yo visitamos a _____ amigos.

   c. Visito a _____ abuela.

   d. Tienes _____ bolígrafo.

   e. Trae _____ padre.

6. Identify the **tener** idiom being described by the pictures below. (2 pts. each)

a. _____

b. _____

c. _____

d. _____

e. _____

7. Translate the following sentences to English. (2 pts. each)

a. Me gustan las camisas azules.

b. No le gusta a él la clase de inglés.

d. Nos gusta mirar el fútbol americano.

d. Te gustan los cafés españoles.

e. Les gusta el tenis.

Translate the following to Spanish.

4.7
- a. I fly _____
- b. we have lunch _____
- c. you (tú) sleep _____
- d. they (m.) come back _____
- e. he is able _____
- f. you (pl.) play _____
- g. it costs _____
- h. we find _____
- i. she dies _____
- j. they (f.) resolve _____

Fill in the blank with the correct form of the verb in parentheses.

4.8
- a. Nts. _____ a Madrid. (volar)
- b. Elisa _____ mucho. (dormir)
- c. Tú _____ bien. (jugar)
- d. Yo _____ salir pronto. (poder)
- e. Hector _____ la respuesta. (recordar)
- f. Tomás y yo _____ los libros. (devolver)
- g. Uds. _____ a Luis. (encontrar)
- h. Yo _____ el dinero. (contar)
- i. El libro _____ seis dolares. (costar)
- j. Tú _____ con nosotros. (almorzar)

Answer the following questions in complete Spanish sentences.

4.9
a. ¿Quién recuerda la fecha?

b. ¿A qué hora almuerzas?

c. ¿Dónde duermen los niños?

d. ¿Adónde vuelan Uds.?

e. ¿Cuánto cuesta el libro?

f. ¿Qué muestra Ud. ahora?

g. ¿Dónde encuentran Uds. a Miguel?

h. ¿A qué hora vuelves de la escuela?

i. ¿Quién resuelve el problema?

j. ¿Cuándo pueden Uds. partir?

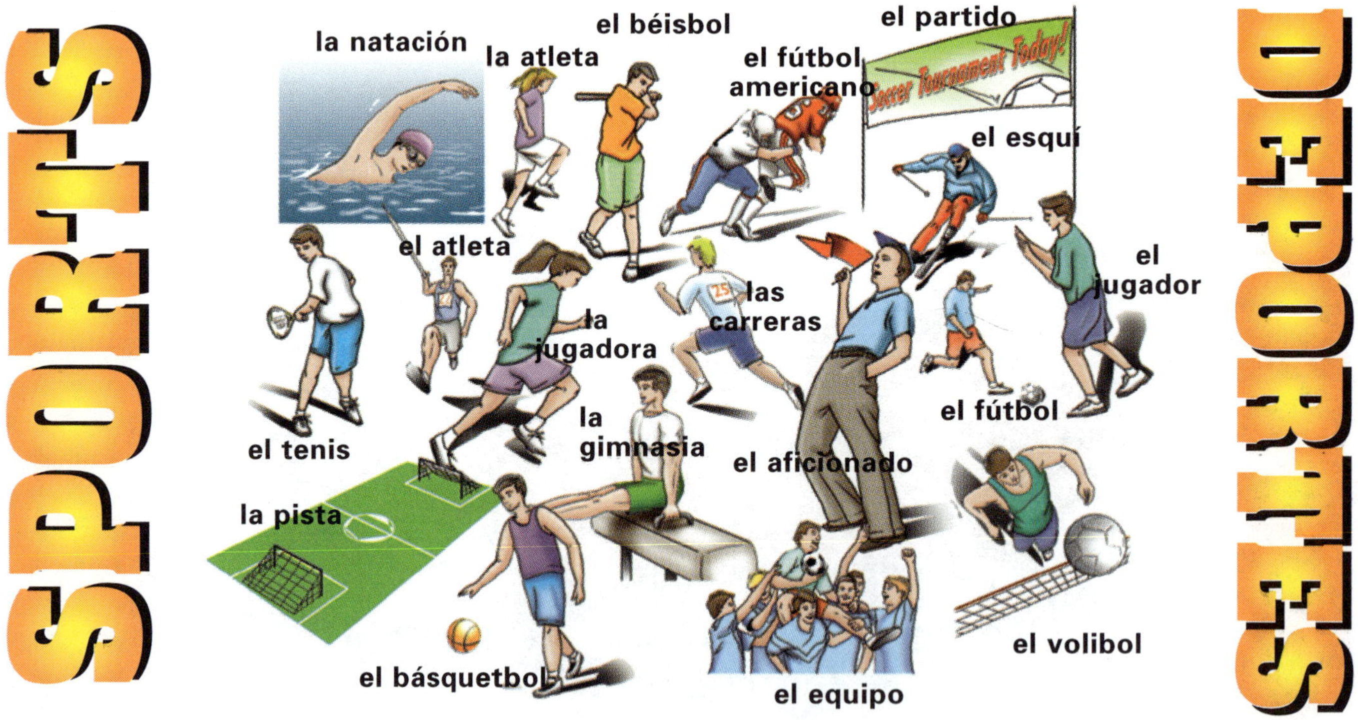

SPORTS / DEPORTES

- la natación
- la atleta
- el béisbol
- el partido
- el fútbol americano
- el esquí
- el atleta
- la jugadora
- las carreras
- el jugador
- el tenis
- la gimnasia
- el aficionado
- el fútbol
- la pista
- el básquetbol
- el equipo
- el volibol

Complete the following activity.

4.10 Look at the following pictures and translate into English the sentence describing each activity.

a. Mario juega el básquetbol.

_____
_____
_____

b. Luisa juega el fútbol.

_____
_____
_____

c. Tomás juega el béisbol.

_____
_____
_____

d. Arturo y David jugan el fútbol americano.

_____
_____
_____

e. Ana y Daniela juegan el tenis.

_____
_____
_____

f. Paco es aficionado de tenis.

g. Es el equipo de fútbol.

h. Hector hace el esqui.

i. Pablo es atleta.

j. Lara hace la natación.

Reading Comprehension: El partido de fútbol

Mario y Luis van a jugar al fútbol con unos amigos en el parque. Los dos encuentran a Jorge, Ricardo, David y Paco cerca de la entrada a las diez de la mañana. David quiere mostrar a sus amigos una cosa nueva. Puede balancear la pelota (ball) en la cabeza. Los amigos juegan por dos horas. Están cansados. Luis mira al reloj. Es el mediodía. Almuerzan los sandwiches que traen con ellos. Entonces vuelven a jugar más. A eso de las dos, Mario recuerda que tiene que ayudar a su padre. Sale para la casa. Los otros amigos quieren comenzar otro partido de fútbol. El equipo de Mario pierde al equipo de David. A las cinco deciden ir a sus casas. Tienen que descansar antes de la cena.

   Refer to the paragraph above to answer the following questions in complete Spanish sentences.

4.11

a. ¿Adónde van Mario y Luis?

b. ¿Cuántos amigos juegan?

c. ¿Qué puede hacer David?

d. ¿Por cuánto tiempo juegan antes del almuerzo?

e. ¿A quién tiene que ayudar Mario?

f. ¿Cuál equipo gana el partido?

g. ¿A qué hora salen para las casas?

Writing Practice

Write ten sentences describing the activities going on the the pictures below.

4.12

a.

b.

c.

d.

e.

f.

g.

h.

i.

j.

a. _____

b. _____

c. _____

d. _____

e. _____

f. _____

g. _____

h. _____

i. _____

j. _____

SELF TEST 4

4.01 Identify the following sports and write the name under each picture. (5 pts. each)

a._____ b._____ c._____ d._____ e._____

f._____ g._____ h._____ i._____ j._____

4.02 Fill in the blank with the correct form of the verb in parentheses. Then write the translation below each one. (5 pts. each)

a. Los chicos _____ al volibol. (jugar)

b. La familia _____ a la una. (almorzar)

c. Nts. _____ salir a las cinco y media. (poder)

d. Yo _____ ocho horas. (dormir)

e. El empleado _____ el dinero. (contar)

f. Tú _____ los zapatos en la sala. (econtrar)

g. Uds. _____ a Madrid. (volar)

h. Mario y yo nos _____ a Venezuela. (mover)

i. Los Ayala _____ a Puerto Rico. (volver)

j. La blusa _____ diez dolares. (costar)

Score _____

Teacher check _____
            Initial   Date

80/100

39

V. STEM-CHANGING VERBS: *E* TO *I*

Conversation

Ana:	Hola Sara. ¿Qué haces?
Sara:	Escribo una carta a mi abuela. Pido una nueva blusa para mi cumpleaños.
Ana:	¡Qué bueno! ¿Qué color pides?
Sara:	Pido una blusa blanca que va con los pantalones negros.
Ana:	¿No tienes una blusa blanca?
Sara:	Sí, pero ahora sirve para limpiar el coche.
Ana:	¿Qué dices?
Sara:	Digo que la blusa blanca que tengo es muy vieja y sucia. Necesito una nueva.
Ana:	¿Sabe la abuela lo que te gusta?
Sara:	Sé que ella va a comprar una blusa bonita.
Ana:	¡Qué agradable! Mi abuela repite los regalos cada año – calcetines blancos.
Sara:	¿Pides algo diferente?
Ana:	¡Por supuesto! Pero ella no recuerda nada.

Translation

Ana:	Hello, Sara. What are you doing?
Sara:	I am writing a letter to my grandmother. I'm asking for a new blouse for my birthday.
Ana:	Great! What color are you asking for?
Sara:	I'm asking for a white blouse that goes with my black pants.
Ana:	Don't you have a white blouse?
Sara:	Yes, but now it serves to clean the car.
Ana:	What are you saying?
Sara:	I'm saying that the white blouse that I have is very old and dirty. I need a new one.
Ana:	Does your grandmother know what you like?
Sara:	I know that she is going to buy a very pretty blouse.
Ana:	How nice! My grandmother repeats the same gifts each year—white socks.
Sara:	Do you ask for something different?
Ana:	Of course! But she doesn't remember anything.

Look through the conversations and find the English for the following words and phrases.

5.1
a. pido _____
b. pides _____
c. ¡Qué bueno! _____
d. sirve _____
e. limpiar _____
f. dices _____
g. digo _____
h. sucio _____
i. una nueva _____
j. sabe la abuela _____
k. lo que _____
l. sé _____
m. ¡Qué agradable! _____
n. repite _____
o. ¡Por supuesto! _____

5.2 Practice this dialogue with a learning partner or tape and say it to your teacher. Make sure to practice both parts.

✓ Adult check _____
   Initial   Date

Stem-changing Verbs – Group 3 – e to i

The third group of stem-changing verbs are the ones in which the vowel of the syllable just before the ending changes from e to i. Look at the example:

pedir – to ask for

yo	**pido**	nosotros	**pedimos**
tú	**pides**	vosotros	**pedís**
él	**pide**	ellos	**piden**
ella	**pide**	ellas	**piden**
Ud.	**pide**	Uds.	**piden**

The following verbs follow this pattern:

medir	to measure
repetir	to repeat
servir	to serve

 **Fill in the chart with the conjugations of the verbs given. Remember that the endings remain normal, just the stem changes.**

5.3   **medir** – to measure

   a. yo _____   nts. _____

   b. tú _____   vts. _____

   c. él _____   ellos _____

   d. ella _____   ellas _____

   e. Ud. _____   Uds. _____

5.4   **repetir** – to repeat

   a. yo _____   nts. _____

   b. tú _____   vts. _____

   c. él _____   ellos _____

   d. ella _____   ellas _____

   e. Ud. _____   Uds. _____

5.5   **servir** – to serve

   a. yo _____   nts. _____

   b. tú _____   vts. _____

   c. él _____   ellos _____

   d. ella _____   ellas _____

   e. Ud. _____   Uds. _____

Fill in the blank with the correct form of the verb in parentheses.

5.6
a. Yo _____ la sala. (medir)

b. Nts. _____ la comida. (servir)

c. Los chicos _____ unos zapatos nuevos. (pedir)

d. Tú _____ las frases. (repetir)

e. El profesor _____ los grados. (medir)

f. Uds. _____ la cena. (servir)

g. Mario _____ un coche nuevo. (pedir)

h. Ud. _____ la idea. (repetir)

i. Luis y yo _____ después de la profesora. (repetir)

j. Yo _____ a mi familia. (servir)

The Irregular Verb Decir

The verb **decir** is conjugated similarly to the **e** to **i** stem change verbs with the additional change of having the **go** ending in the **yo** form.

decir – to say, to tell

yo	**digo**	nosotros	**decimos**
tú	**dices**	vosotros	**decís**
él	**dice**	ellos	**dicen**
ella	**dice**	ellas	**dicen**
Ud.	**dice**	Uds.	**dicen**

Translate the following sentences to Spanish.

5.7
a. Paul says today. _____

b. I say later. _____

c. You (s., fam.) say April. _____

d. We say December. _____

e. The boys say January. _____

 **Answer the following questions in complete Spanish sentences.**

5.8
a. ¿Dónde sirve la madre la comida?

b. ¿Qué mides?

c. ¿Cuándo repiten Uds. las frases?

d. ¿Quién dice la respuesta?

e. ¿De dónde sirven la comida?

f. ¿Por qué pides una blusa nueva?

g. ¿Cómo sirve el helado?

h. ¿Cuántos cuartos mide el Sr. Lopez?

i. ¿A quién dices la verdad?

j. ¿Cuál frase repiten Uds.?

Two Confusing Verbs – Saber and Conocer

Saber and **conocer** are two verbs that English speakers frequently confuse. They both mean "to know," but the context of each is different for a native Spanish speaker. **Saber** is used when the speaker knows a fact or how to do something. **Conocer**, on the other hand, is used when the speaker knows a person or a place, or is acquainted with.

Both verbs have irregular conjugations in the **yo** form but are otherwise normal.

saber – to know a fact, how to do something

yo	**sé**	nosotros	**sabemos**
tú	**sabes**	vosotros	**sabéis**
él	**sabe**	ellos	**saben**
ella	**sabe**	ellas	**saben**
Ud.	**sabe**	Uds.	**saben**

Examples:

Sé la historia de Puerto Rico.   I know the history of Puerto Rico.
Sabemos esquiar muy bien.   We know how to ski very well.
José sabe la respuesta.   José knows the answer.

conocer – to know a person, place, be acquainted with

yo	**conozco**	nosotros	**conocemos**
tú	**conoces**	vosotros	**conocéis**
él	**conoce**	ellos	**conocen**
ella	**conoce**	ellas	**conocen**
Ud.	**conoce**	Uds.	**conocen**

Examples:

Mario conoce a Luisa Gomez.   Mark knows Luisa Gomez.
Los Ayala conocen Nueva York muy bien.   The Ayalas know New York very well.
No conozco a la nueva estudiante.   I don't know the new girl student.

Fill in the blank with the correct form of saber **then translate the sentence.**

5.9

a. Lara _____ escribir bien.

b. Los chicos _____ jugar el fútbol.

c. Yo _____ que necesito estudiar.

d. Nts. _____ cocinar los tacos.

e. Tú _____ hablar el español.

Fill in the blank with the correct form of conocer **and then translate the sentence.**

5.10

a. Yo _____ al Sr. Lopez.

b. ¿ _____ tú a Venezuela?

c. Nts. _____ al profesor de inglés.

d. Tú _____ a Luis.

e. Uds. _____ al nuevo estudiante.

Fill in the blank with the correct form of saber **or** conocer, **then translate the sentence.**

5.11

a. Yo _____ hablar español.

b. Tú _____ a Manuel.

c. Nts. _____ a Madrid.

d. Uds. _____ las respuestas.

e. Antonio _____ a la ciudad bien.

f. Yo _____ a todos de mis vecinos (neighbors).

g. Tú _____ las matemáticas.

h. Nts. _____ repetir las frases.

i. Ud. _____ los colores.

j. Ellos _____ a las chicas nuevas.

Conversation Practice

Create a conversation using the suggestions given. The conversation takes place in the front of the school.

5.12

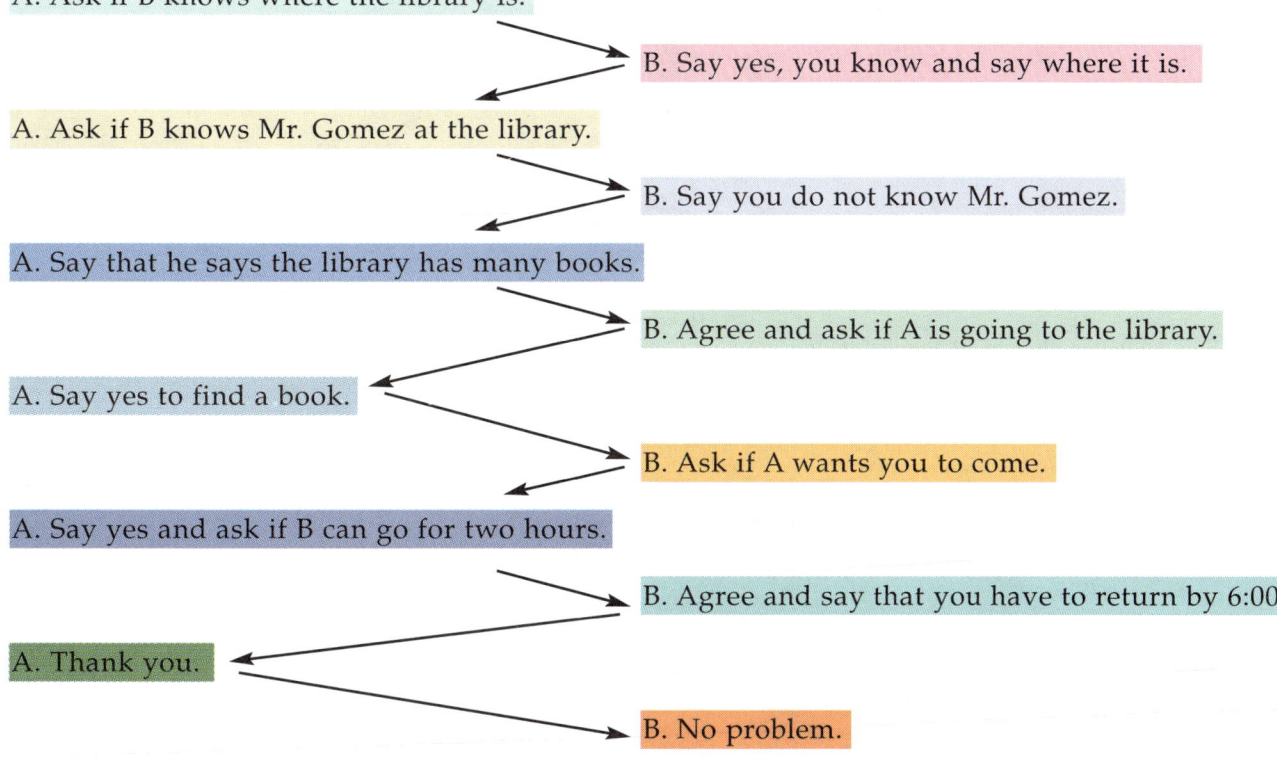

✓ Adult check _____
                     Initial   Date

SELF TEST 5

5.01 **Fill in the blank with the correct form of the verb in parentheses.** (5 pts. each)

a. José _____ a la profesora. (pedir)

b. Uds. _____ la comida. (servir)

c. Tú _____ las palabras. (repetir)

d. Yo _____ el cuarto. (medir)

e. Nts. _____ la verdad. (decir)

f. Tú _____ la historia. (saber)

g. Yo _____ a Marianela. (conocer)

h. Nts. _____ a nuestros padres. (pedir)

i. Ellas _____ después del profesor. (repetir)

j. Yo _____ el libro. (saber)

5.02   **Answer the following questions in complete Spanish sentences.** (5 pts. each)

a. ¿Dónde sirve tu madre la comida?

b. ¿Cuándo repites el francés?

c. ¿Sabes preparar la comida?

d. ¿Qué dice el profesor?

e. ¿Conoces a la Sra. Chavez?

5.03   **Translate the following to English.** (5 pts. each)

a. Saben _____

b. Digo _____

c. Servimos _____

d. Mides _____

e. Conozco _____

VI. CULTURE: LAS ISLAS DEL CARIBE

The three main islands in the Caribbean that are Hispanic are Puerto Rico, Cuba and the Dominican Republic. Each offers a variety of culture and lifestyles.

Cuba is the largest of the three islands. Its capital is Havana (La Habana). This island is called the Pearl of the Antilles (West Indies). Since 1959 Cuba has been under the communist rule of Fidel Castro. Prior to that it was a democracy.

One of the main products of this island nation is tobacco. Cuban cigars are known worldwide. Sugar and coffee are also important products.

Its people are a mix of both Black, Hispanic and White origins. As for religion, under Castro's regime the country is officially "atheist." Religious holidays are observed, however, as approximately 85% of the population is Roman Catholic.

The Dominican Republic shares the island of Hispaniola with Haiti. Its capital is Santo Domingo. It is bordered by the Atlantic Ocean, the Mona Passage (which separates it from Puerto Rico) and the Caribbean Sea. Its population is primarily a mix of Spanish and African descent.

The Dominican Republic is the home of the first permanent New World colony of Europeans. Thus their culture has a mix of European and African cultures.

An interesting fact that baffles missionaries and Peace Corps volunteers is the custom that when a family has a dinner guest, that guest sits down alone to a plate of food. When the guest has his/her fill, the males of the family then eat. The females eat in the kitchen and often stand to eat. Rarely is there the concept of the family meal.

Puerto Rico, whose capital is San Juan, is a free state associated with the United States. It is comprised of one large and several small islands. It is located about 1,000 miles southeast of Florida and is bordered by the Atlantic Ocean, Caribbean Sea and the Virgin and Mona Passages (which separate it from the Virgin Islands and Dominican Republic, respectively.)

Puerto Rico was discovered by Christopher Columbus in 1493. It remained part of the Spanish territories until 1898 when the U.S. gained control. In 1952 it became a U.S. commonwealth. Puerto Rican citizens enjoy some of the benefits of U.S. citizenship but may not vote in the presidential elections and do not pay federal income tax.

Puerto Rico boasts two famous fortifications, El Morro and San Cristóbal. These forts overlook the ocean, and visitors can enjoy a breathtaking view of the ocean and surrounding areas. These forts were built by the Spanish to protect their interests in this rich island. The Fortaleza, once a fortress, now houses the governor. Its oldest section was completed in 1540. These structures offer insight into the 16th and 17th century Spanish architecture.

The mild climate in Puerto Rico allows its citizens and tourists to enjoy many activities including boating, swimming, fishing, tennis, golf, basketball, baseball and boxing. The beautiful beaches along the coastline provide hours of relaxation and enjoyment.

 **Read the above text and pull out two facts for each country.**

6.1   a. Cuba

        b. Dominican Republic

        c. Puerto Rico

The Capitol Building in San Juan, Puerto Rico

SELF TEST 6

Answer the following questions regarding the Hispanic islands of the Caribbean. (10 pts. each)

6.01   Which three Caribbean Islands are primarily Hispanic?

6.02   Which of the three islands is ruled by a communist dictatorship?

6.03   Which country shares its island with Haiti?

6.04   What custom of the Dominican Republic baffles outsiders?

6.05   Which island is associated with the US?

6.06   What are El Morro and San Cristobal?

6.07   Which country exports sugar, coffee and cigars?

6.08   Which country was home of the first colony of Europeans?

6.09   Who resides in the Fortaleza in Puerto Rico?

6.010   What type of activities do the Puerto Ricans enjoy? (Name three)

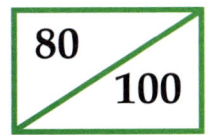

Score _____

Teacher check _____
                    Initial   Date

VII. SPEAKING, WRITING AND READING PRACTICE

Let's Speak

Create a conversation with a friend using the following scenarios.

7.1 You and your friend decide to go shopping.

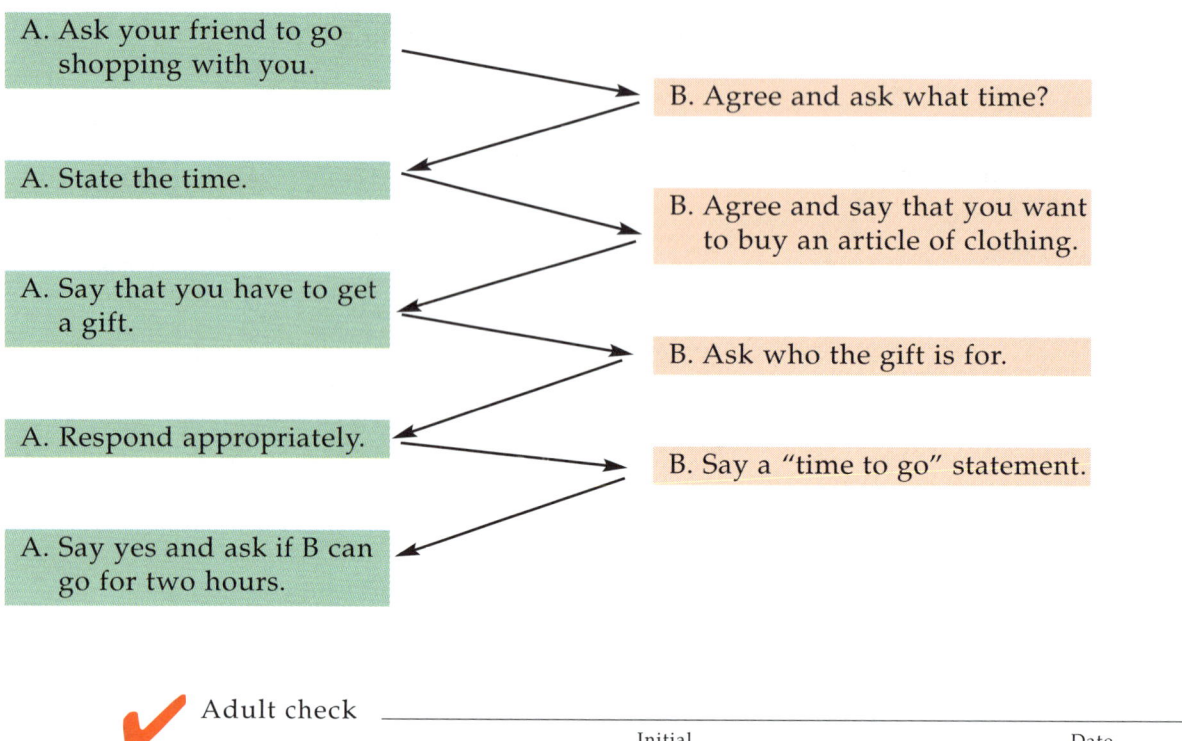

✔ Adult check _____
                     Initial   Date

7.2 You and a friend are talking about sports.

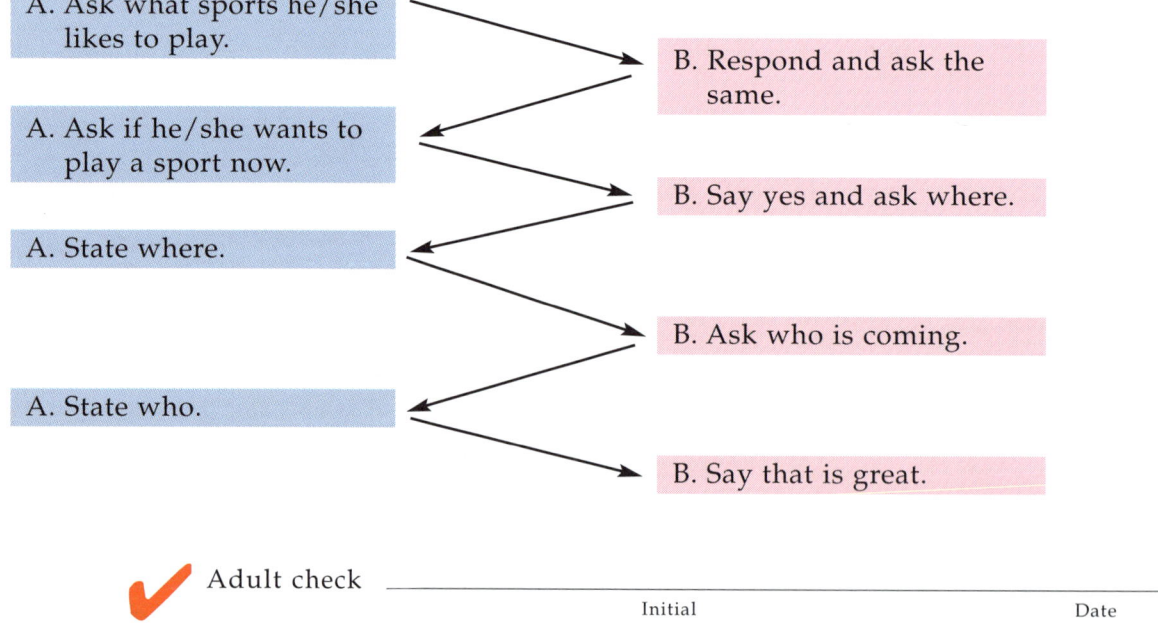

✔ Adult check _____
                     Initial   Date

7.3   You and a friend are talking on the phone.

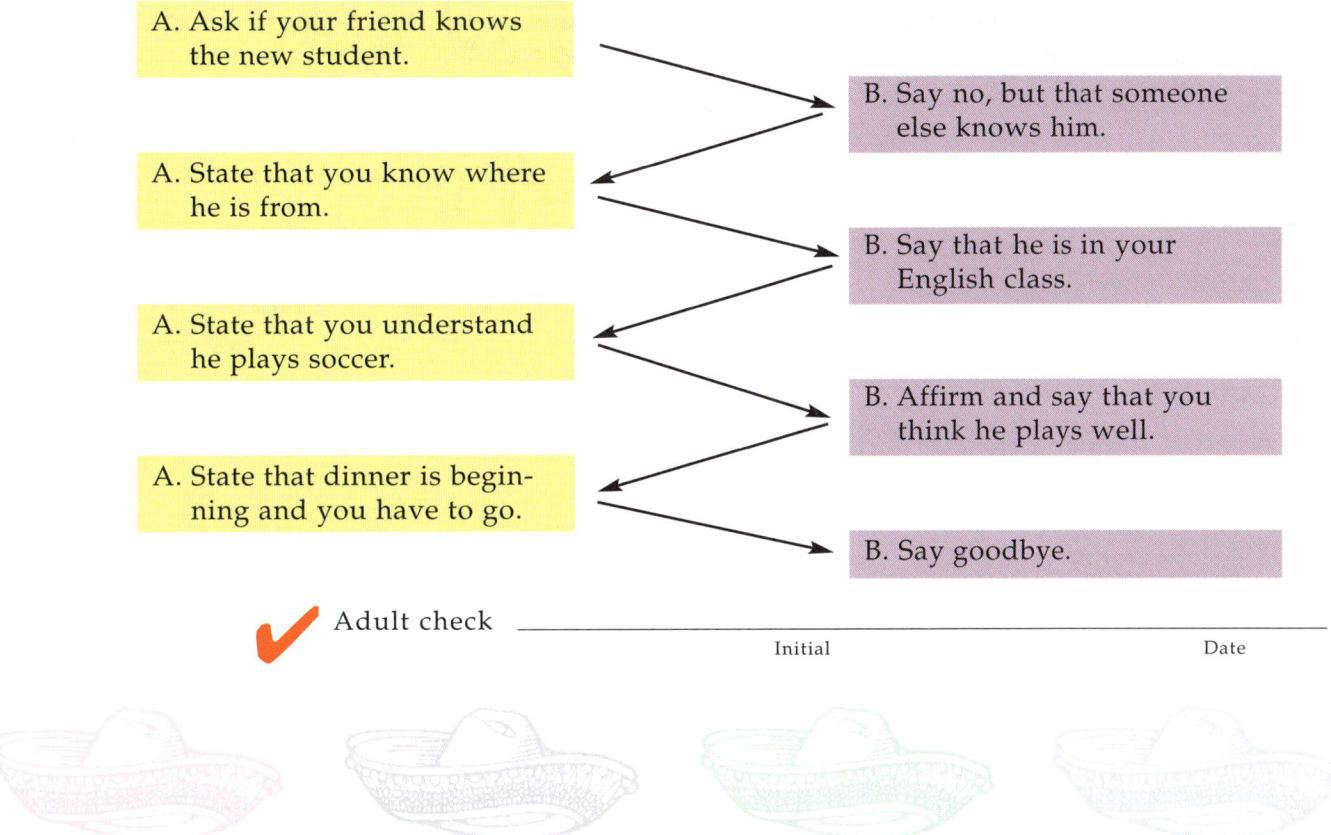

Pronunciation – The Letter L

The letter l in Spanish is pronounced much the same way it is in English. When stated, the vocal chords vibrate while the air passes along the tongue for as long as there is breath.

Repeat the following words and phrases.

al	nivel	empleado	algo
las	cartel	leche	habla
natural	lío	vale	animal

Lara prefiere las sandalias y la falda.
La blusa azul va bien con los pantalones blancos.
Almuerzo con Luis en el Café Lazano.

Pronunciation – The Letter N

This letter is pronounced similarly to the English n. The vocal chords vibrate and the air passes through the nasal passages for as long as there is breath. Repeat the following words and phrases:

sentir	pensar	bueno	entrar
sonar	tengo	cuando	razón
nuestro	viernes	guantes	contar

Tenemos que poner los pantalones en el armario.
Conocemos a Daniel y a Inez.
Encuentras los anteojos en la cocina.

Let's Read

Mariana va a la clase de inglés. No tiene la tarea. Tiene que decirle a la profesora por qué no tiene la tarea. Confiesa que no puede encontrar el papel. La profesora entiende que algunas veces hay problemas. Ella dice que Mariana tiene que hacer la tarea otra vez. Mariana sé siente mejor (better). Va a comenzar la tarea tan pronto que (as soon as) llega a casa. Quiere hacer bien. No puedo repetir este problema otra vez.

Refer to the paragraph above and answer the following questions in complete Spanish sentences.

7.4   a. ¿Qué tarea no tiene Mariana?

b. ¿A quién tiene que decir?

c. ¿Dónde está el papel?

d. ¿Qué va a hacer Mariana?

e. ¿Cuándo va a hacer la tarea?

Let's Read

José viene a la casa de su amigo Luis. Tienen que estudiar para el examen de inglés. Pero su libro está en la escuela. Luis tiene su libro. Estudian dos horas y entonces quieren jugar al fútbol. Juegan sólos hasta que llegan unos amigos. Entonces tienen dos equipos con cuatro amigos en cada equipo. Están cansados después de jugar tanto. Tienen calor también.

Van a la heladería a comprar un helado. Luis prefiere chocolate mientras José dice que quiere vainilla. Están deliciosos. Caminan por el parque donde encuentran a otros amigos. Salen con ellos y van a la casa de Carlos. Allí deciden estudiar para el examen otra vez. Quieren salir bien en el examen.

Refer to the above paragraph and write V for verdadero (true) or F for falso (false). Then correct the false answers.

7.5   _____ a. Los dos tienen examen en la clase de historia.

_____ b. El libro de José está en la escuela.

_____ c. Estudian tres horas.

_____ d. Juegan al fútbol sólos por todo el tiempo.

_____ e. Tienen calor después de jugar.

_____ f. Van a la tienda para una bebida.

_____ g. A Luis le gusta el chocolate.

_____ h. Caminan a la tienda.

_____ i. Van a casa de Carlos.

_____ j. Estudian para el examen de inglés.

Let's Write

Complete the following writing exercises.

7.6 On a separate sheet of paper write a five-sentence note to your friend telling him about the sports that you play at school. You may wish to include sports that are offered, which sports you play, which sports your friends play and where you play.

✔ Adult check _____
             Initial   Date

7.7 Write a story which is based on the pictures above. It should be ten sentences. Make sure to use the story format and not just describe the picture.

_____
_____
_____
_____
_____
_____
_____
_____
_____

✔ Adult check _____
             Initial   Date

Translate the following sentences to Spanish.

7.8
a. Arthur plays basketball.

b. The children are hungry.

c. We understand tennis.

d. The students are right to feel tired.

e. Maria wants to buy a skirt and blouse.

f. I can't decide on the blue sweater or the red shirt.

g. You know the new teacher.

h. They prefer swimming.

i. The students repeat the sentences.

j. She has to find her gloves.

Answer the following general questions in complete Spanish sentences.

7.9
a. ¿Cuándo juegan Uds. el tenis?

b. ¿Dónde prefieres poner la ropa?

c. ¿Qué piensa del beísbol?

d. ¿Quién cierra la puerta?

e. ¿Cuántos vestidos tienes?

f. ¿Cuál prefiere Ud. la chaqueta azul o la chaqueta verde?

g. ¿Dónde comienzan las carreras?

h. ¿Sabe Ud. resolver el problema?

i. ¿Tienes éxito en la escuela?

j. ¿Dices la verdad siempre?

Let's Listen

Listen to the passages and then answer the following questions. The passages will be read twice. Do not read the questions while you are listening to the passage.

7.10
1. ¿De quién es el cumpleaños? _____
   a. los Piratas   b. su hermano   c. un amigo
2. ¿Qué quiere comprar? _____
   a. una gorra   b. una bolsa   c. unos calcetines

7.11
1. Paco trabaja _____
   a. en la casa   b. en la escuela   c. en el restaurante de su padre
2. No le gusta
   a. la corbata   b. dormir   c. volver a casa

7.12
1. No le gusta _____
   a. encontrar pantalones b. almorzar en un café c. ir de compras
2. ¿Dónde almuerza?
   a. en la casa   b. en un café   c. en la tienda
3. ¿Cuándo tiene éxito? _____
   a. primero   b. después de almorzar c. nunca

7.13
1. ¿Qué día es? _____
   a. el día de lavar ropa b. el día de comprar ropa c. el día de tener problemas
2. Los blue-jeans son de _____.
   a. el padre   b. el hermano   c. la hermana
3. Pone la ropa en _____ grupos.
   a. dos   b. tres   c. cinco

Note: This section does not have a Self Test.

VIII. VOCABULARY REVIEW

   Look at the following pictures and identify the room (1–5) and the lettered items (a–c) in each room.

8.1

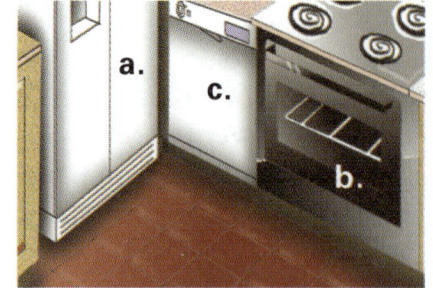
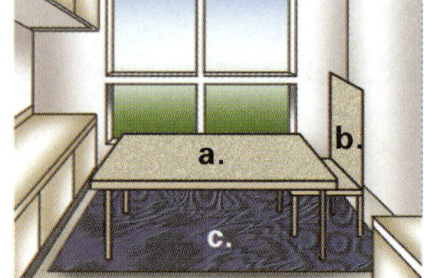

1. _____   2. _____   3. _____
a. _____   a. _____   a. _____
b. _____   b. _____   b. _____
c. _____   c. _____   c. _____

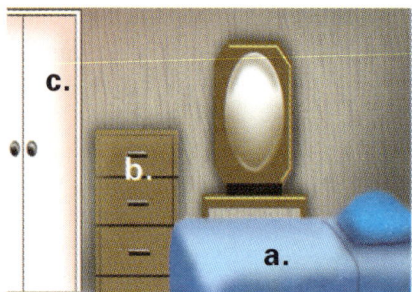
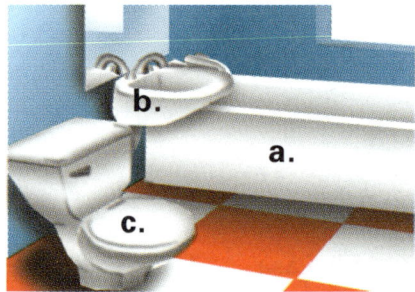

4. _____   5. _____
a. _____   a. _____
b. _____   b. _____
c. _____   c. _____

   Answer the following questions with a member of the family.

8.2

a. La madre de mi madre es _____

b. El padre de mi padres es _____

c. La hermana de mi madre es _____

d. El hermano de mi padre es _____

e. El hijo de mi madre es _____

f. La hija de mi padre es _____

g. El hijo de mi tía es _____

h. La hija de mi tío es _____

i. El hijo de mi abuelo es _____

j. La hija de mi abuela es _____

Write out the following numerical applications.

8.3
a. Monday, July 4 _____

b. Wednesday, August 1 _____

c. Sunday, December 24 _____

d. 5:30 _____

e. 12:00 _____

f. 3:45 _____

g. 33 x 2 = 66 _____

h. 44 + 39 = 83 _____

i. 56 + 22 = 78 _____

j. 98 – 84 = 14 _____

Look at the following scene and identify the numbered items.

8.4
1. _____   6. _____

2. _____   7. _____

3. _____   8. _____

4. _____   9. _____

5. _____   10. _____

 Look at the following scene and identfy the numbered items.

8.5
1. _____   6. _____
2. _____   7. _____
3. _____   8. _____
4. _____   9. _____
5. _____ 10. _____

 Identify the numbered items.

8.6
1. _____
2. _____
3. _____
4. _____
5. _____

Verb Review

 Fill in the blank with the correct form of the verb in parentheses. Then translate the sentence in the space provided.

8.7   a. Mario _____ a la tienda. (ir)

b. Nts. _____ salir ahora. (poder)

c. Tú _____ nueve horas. (dormir)

d. Uds. _____ a sus abuelos. (visitar)

e. Yo _____ con mis amigos (salir)

f. Ricardo y Jorge _____ la revista de deportes. (leer)

g. José y yo no nunca _____ saber por qué. (querer)

h. Yo _____ una camisa roja. (tener)

i. Tú _____ cerca de la escuela. (vivir)

j. Los chicos _____ el beísbol. (jugar)

k. Ud. _____ a la señora. (servir)

l. Yo _____ a mis amigos. (ver)

m. Tú _____ muy alto. (ser)

n. Pablo _____ en la piscina. (estar)

o. Antonio y Alicia _____ trabajar. (decidir)

Grammar Review

Fill in the blank with the correct form of ser or estar and then translate the sentence.

8.8   a. Raúl _____ enfermo.

b. El coche _____ rojo.

c. Tú _____ mi amigo.

d. Mis padres _____ en el banco.

e. Tomás y Francisca _____ de Costa Rica.

Fill in the first blank with de and the definite article, if necessary, and the second with a and the definite article, if necessary.

8.9   a. Vamos _____ café _____ banco.

b. Es el coche _____ Sr. Gomez que va _____ biblioteca.

c. Regresamos _____ museos _____ cinco y media.

d. Vienes _____ tiendas _____ restaurantes.

e. La familia _____ Daniel va _____ cine ahora.

Fill in the blank with the correct form of the adjectives and then translate the sentence.

8.10 a. Carlos es _____ y _____ (alto, rubio)

b. Luis y Arturo son _____ y _____ (inteligente, simpático)

c. La chica _____ es _____ (francés, bonito)

d. Las iglesias _____ son muy _____ (español, viejo)

e. Gabriela y Pablo son _____ y _____ (divertido, interesante)

Note: This section does not have a Self Test.

LIFEPAC 5: VOCABULARY LIST

La ropa – Clothing:

el abrigo	the overcoat
los anteojos (de sol)	the (sun)glasses
la blusa	the blouse
las botas	the boots
los blue-jeans	the jeans
los calcetínes	the socks
la camisa	the shirt
la camiseta	the t-shirt
la corbata	the necktie
la chaqueta	the jacket
la falda	the skirt
la gorra	the cap
los guantes	the gloves
el impermeable	the raincoat
las medias	the stockings
los pantelones	the pants
los pantelones cortos	the shorts
las sandalias	the sandals
el sombrero	the hat
el suéter	the sweater
el traje	the suit
el traje de baño	the bathing suit
el vestido	the dress
los zapatos	the shoes
los zapatos de tenis	sneakers

Colors:

amarillo	yellow
azul	blue
blanco	white
gris	gray
negro	black
rojo	red
verde	green
castaño	brown
rosado	pink
púrpura	purple

Possessive Adjectives:

mi, mis	my
tu, tus	your
su, sus	his, its, her, their, your
nuestro, nuestra, nuestros, nuestras	our
vuestro, vuestra, vuestros, vuestras	your

Stem-changing Verbs:

e–ie:

cerrar	to close
comenzar	to begin
confesar	to confess
defender	to defend
empezar	to begin
entender	to understand
gobernar	to govern
pensar	to think
perder	to lose
preferir	to prefer
querer	to want
referir	to tell, to narrate
sentir	to feel

o–ue:

almorzar	to eat lunch
contar	to count
costar	to cost
devolver	to return, give back
dormir	to sleep
encontrar	to find, to meet
jugar (u-ue)	to play
morir	to die
mostrar	to show
mover	to move

o–ue (cont'd):

poder	to be able to, can
resolver	to solve, resolve
sonar	to sound, to ring
soñar	to dream
volar	to fly
volver	to return

e–i:

medir	to measure
repetir	to repeat
servir	to serve

Irregular Verbs:

caer	to fall
conocer	to know, acquainted with
decir	to say, to tell
hacer	to make, to do
poner	to put
saber	to know (how, facts)
salir	to leave, to go out
tener	to have
traer	to bring
venir	to come

Tener Idioms:

tener…años	to be so many years old. Literally, to have # years.
¿Cuántos años tienes?	How old are you?
tener frío	to be cold
tener calor	to be warm
tener sed	to be thirsty
tener hambre	to be hungry
tener sueño	to be sleepy
tener razón	to be right
no tener razón	to be wrong
tener éxito	to be successful
tener que + infinitive	to have to

Los deportes – Sports:

el esquí	skiing
el tenis	tennis
la natación	swimming
la gimnasia	gymnastics
el básquetbol	basketball
el béisbol	baseball
el volibol	volleyball
el fútbol	soccer
el fútbol americano	football
las carreras	track